南方周末图片工作室　主编

吾城吾乡

WUCHENG WUXIANG

中国影像速写

南方周末

南方日报出版社
NANFANG DAILY PRESS
中国·广州

图书在版编目（CIP）数据

吾城·吾乡 ： 中国影像速写 / 南方周末图片工作室主编. — 广州 ： 南方日报出版社，2016.8
ISBN 978-7-5491-1434-4

Ⅰ. ①吾… Ⅱ. ①南… Ⅲ. ①社会生活－概况－中国－图集 Ⅳ. ①D669-64

中国版本图书馆 CIP 数据核字(2016)第 171388 号

WUCHENG WUXIANG

吾城·吾乡 —— 中国影像速写

主　　编： 南方周末图片工作室
策划撰文： 李　楠
编　　辑： 李　楠　冯　飞
责任编辑： 刘志一　陈　静
出版发行： 南方日报出版社
地　　址： 广州市广州大道中 289 号
经　　销： 全国新华书店
印　　刷： 广东信源彩色印务有限公司
开　　本： 889*1194mm　1/20
印　　张： 14
字　　数： 100 千字
版　　次： 2016 年 8 月第 1 版
印　　次： 2016 年 8 月第 1 次印刷
定　　价： 68.00 元

投稿热线：（020）87373998-0503　读者热线：（020）87373998-0502

网址：http://www.nanfangdaily.com.cn/press　http://www.southcn.com/ebook

吾城·吾乡

我们生命中最重要的距离，最深刻的落差

吾城：我生存的地方

段俊/摄

吾乡：我生活的地方

段俊/摄

序言

这或许是一本有点儿特殊的摄影集：八位知名摄影家的倾力之作，与2000余普通人的图片征集精选，共同阐释一个与所有人都息息相关的主题：吾城·吾乡。

在当下的现实语境中，这是一组语义丰富而又模糊的词语。全球化与城市化的急速进程，使我们每一个人都不得不面对从故乡到异乡的流转与变迁；即使从未离开过的家园，也在高速发展的物质社会中不断蜕变。

而城市与乡村的落差，以及由这种落差造成的失态与失衡，失落与失语，芸芸众生，即使不是身处其中，也无法置身事外。

我们每一个人，都在“吾城·吾乡”之间往来徘徊，直接或间接地体验着它所带来的人生况味。这其中，既有个人生命体验的百转千回，亦有家国命运的波诡云谲。

毫无疑问，吾城·吾乡，是我们生命中最重要的距离，最深刻的落差。

而摄影，就像一只手，悄悄地在现实和精神世界中放下地标，丈量着有形与无形。在喧嚣与骚动中，我们每一个人都是某种意义上的异乡人，为自己的吾城·吾乡拍下心像。

这本由南方周末图片工作室出品的摄影集，汇集了 2013 年和 2016 年两季“吾城•吾乡”主题图片，曾创造了百万级的刷屏阅读量和数千读者留言。这是一幅当代中国的速写画像，也是一卷值得珍藏的影像文献。每一张照片都出自摄影者真实的经历和真挚的内心，相信你一定会在其中找到共鸣。

不要虚饰的城市，也不要滥情的故乡，在这些可以抗拒时间消磨的图片里，让我们以自己的方式，读懂中国。

南方周末总编辑

2016 年 4 月 12 日

目录

2013年·第一季

八位知名摄影家，

从一座城，到一条路，到一群人，

最后，到人的内心矛盾，

两两对照，步步深入，

徐徐展开“吾城·吾乡”现实与心灵的动人长卷。

重庆

拍摄自己的城市，也是在拍摄自己。

年轻的摄影师 **张晓** 和 **张锦旗** 曾经供职于重庆的同一家媒体，对于这座意味丰富的城市，他们先后完成、并无交集的影像书写竟有着相似的视觉气质；更有意思的是，都为作者赢得了相当重要的专业声誉。

看来，斯地斯人的某种特质撞击了他们相同的敏感。现在，两人一去一留，唯有影像不变。这些色彩艳丽近乎失真，气氛游移近乎吊诡的照片，以内在的不同完成了两个人对于同一处寄寓之所的触摸和理解，并成为一座城市灵魂的显影。

他们

（成都）张晓 作品

不知不觉离开重庆已有七年了。

在 2005 年到达重庆之前，我对它没有任何概念，也从来没有想过我将会在一座离家乡两千多公里的城市工作。夏天，温度四十摄氏度，出了菜园坝火车站，眼见的只有混乱，加之四十多小时的劳顿，令我对这座城市完全提不起兴趣。坐上一辆破旧的公交车去往南坪，昏昏欲睡。直到车行至石板坡附近，一条大江豁然开朗，我顿时睡意全无。对重庆的美好印象正是由这条江开始。

一座城市的气质毫无疑问会影响生活在这里的人们，人们的一举一动与这座城市息息相关。除了两条大江穿城而过，这又是一座建造在山上的城市。冬天的时候江面总是泛起浓雾，让这座城市显得十分性感，同时雾中又总是带着些许忧伤的气氛。山、水、雾共同构成了这座城市独有的气质。

我当时在重庆一家报社做图片编辑。每天凌晨下班的路上总能看到沿街吃着串串喝着“老山城”的人们。“乱劈柴”的声音在安静的夜里显得格外嘹亮，特别是在没有汽车经过的时候。后来我转做摄影记者，这使得我可以更多地与这座城市接触，每天都可以去不同的地方，而且在起床的那一刻并不知道今天会去往哪里，这也正是我喜欢的陌生感。这些照片都是在这期间拍摄的。并不是有目的地去寻找“他们”，更多的是一种漫无目的的游荡，与“他们”不期而遇。

堆积在路边的绿色饮料瓶。2007 年

参加选秀活动的男子合影。2007 年

手拿气球庆祝自己成功横渡长江的小姑娘。2007 年

骑摩托车的男子和参加选秀活动的女孩。2007 年

庙会上的老人与狗。2007 年

广场上表演节目的老年合唱团。2007 年

收工回家的社区锣鼓队。2006 年

游乐场里玩射击游戏的男子。2008 年

烹饪学校两名学生端出他们的作品。2006 年

站在充气球里的游客。2006 年

路边露天拔罐的市民。2008 年

一对舞者在百岁老人的宴会上献舞。2007 年

坐在朝天门码头的台阶上相拥而泣的情侣。2008 年

朝天门广场上的彩灯装饰。2006 年

从奉节到巫山的船上。2008 年

雾色

（重庆）张锦旗 作品

和往常一样，重庆的冬天依旧大雾弥漫，很难看清楚江对岸的景色。索道滑行长江之上，眼前、身后一片茫茫，恍若时空穿梭。只有汹涌的江水和轮船的汽笛声，让自己找到一点存在感。

我喜欢这若隐若现的存在感。在这里一待就是十四年。尽管如此，我仍没能彻底看透这座城市。时间总会给人制造恐惧感，尤其是对于以摄影为生的我。一张张照片里，找不到和城市的关系时，恐惧感由心而生。

2008 年，我决定和这个城市发生点关系，以影像的方式！这并非什么宏大的选题，仅仅想借此拉近我和这里的距离。

漫无目的地游走在大街小巷、江边码头，肆意地在江水中泡着脚，吹着江风，喝着盖碗茶……。工作的时候，总觉得相机极具侵略和挑衅性，人们潜意识里是拒绝镜头的，包括镜头之后的自己。而此刻，内心的平静已经超越一切。我很少和拍摄对象交流，更不会用闪光灯，是否能拍到好照片已显得不那么重要了。悄悄地出现在他们旁边，静静地等待，享受着时光。当他们由防备转变为彻底的忽略，我才会按下快门。仅仅希望每一次快门的开合都是纯粹的！

无论是拥抱的情侣、裸泳的年轻人，还是大桥下打气球的商贩，均以最自然的状态出现在我的照片里。温暖、真诚且共生，这才是摄影师和城市的关系。假如没有摄影，我想我会忽略他们的存在，如同陌路——这才是最可怕的！

随着重庆一系列政治事件的发生、消解，政治和普通百姓之间微妙的关系显得格外突出。任何电影剧情，都无法和现实的戏剧化相比拟。我本以为普通生活和政治没有半毛钱关系，但当我翻看底片的时候，发觉自己错了。生活在这里的人们早已被这个时代烙上深深的印记。我意识到摄影不能仅仅停留在意识流的层面，一旦回到当下的语境中来，处处暗藏玄机！

后来的拍摄，我更加关注节点性事件，尝试将它变为专题。我并不认为这和拍摄的初衷矛盾，反而是前者的延伸，两者是相生的关系。

重庆有“雾都”之称，因这里年平均云雾天气达170天以上。我无意去探究气候的玄机，而是希望借雾色的扑朔迷离去阐释当下这座城市的命运，以影像的方式呈现时代变迁的大背景下普通百姓的日常生活。《雾色》由此而来。

重庆武隆，大雾中，一个小女孩在回家的路上遇到一只野狗。2008年

重庆朝天门，拥抱的情侣。2009 年 9 月

重庆，一位女子等待乘坐过江索道。2012 年 6 月

重庆十八梯，擦皮鞋的年轻人。2009 年 10 月

重庆磁器口，在大桥下摆摊的小商贩。2011 年 3 月 5 日

重庆奉节，几名工人正在钻孔安放炸药。因三峡蓄水，修建了一半的华字塔将被炸掉。2008 年 7 月 19 日

重庆洋人街，来自全市二十多支社区合唱团的三千余名市民，登上仿制的长城合声齐唱红歌。2011 年 3 月 4 日

重庆珊瑚坝，一名男子坐在石头边休息。他的手机里大声放着歌曲《放手去爱》。2011 年 4 月 17 日

服刑人员正在聆听讲话。2008 年 12 月

在重庆朝天门码头，一名男子躺在台阶上观看江水。随着长江水位上涨，昔日的沙滩已经被淹没在水下。2009 年 7 月 26 日

重庆洋人街，几名学生在椅子上休息。2008 年 7 月

重庆洋人街，一名游客戴着耳机正在听广播。2008 年 10月 1 日

重庆十八梯，坐在家门口椅子上的小男孩。2009 年 11 月

重庆奥体中心，扮演“江姐”的演员们正等待出场。当日，中华红歌会在此举行，来自全国的一百零八个合唱团参加演出，观众约十万人。2011 年 7 月 29 日

重庆江津四面山，一个小女孩站在山坡上。2008 年 7 月

黄岛路

或许每个城市都有这样一条道路——嘈杂、凌乱、拥挤，它往往是城市改造的首选，也折射着城市最真实生动的性格。它就像一根剪不断的脐带，连接着城市特有的烟火蒸腾，温热着真实平凡的岁月轮转，叫人慢慢沉淀出生命本身的重量。

黄岛路就是这样一条路。

这条青岛的百年老路，东西向，斜坡状，全长四百多米。自20世纪初建成至今，一直是经营海鲜禽蛋、肉类蔬果，及铁、木、陶瓷器等日用杂货的自由市场。它几度被取缔又几度重生，是青岛人生活中不可或缺的一部分。

青岛著名的摄影家 **吴正中** 和半路从影的警察 **庄周杨**，在彼此完全不知的情况下，几乎同时拍摄了这条道路。气质迥异、反差巨大的影像几乎不像出自同一个地方，但最终让他们陌路相逢，也让两种截然不同的故土之念和人生经历在一条活生生的人间路上殊途同归。

停泊记忆的老街

（青岛）吴正中 作品

“一二一上街里，买书包买铅笔，到了学校考第一。” “街里”是以青岛中山路为主，包括黄岛路、四方路、潍县路等几条相邻道路形成的购物休闲地，曾经是几代青岛人心目中美好生活的象征。逛“街里”曾是一种时髦，带孩子逛“街里”，那是大人对孩子的一种奖励。

我在青岛出生长大生活了近六十年，父母亲家与我家都距“街里”不过一站多地，几次搬家，始终没离开过这个范围，“街里”的黄岛路尤其令我印象深刻。

黄岛路上的建筑很有特色，逊清官吏修建的欧式小楼、青岛市标志性民居老建筑——“里院”，以及“一步半”台阶，历来都被国内外游客津津乐道。“一步半”台阶位于黄岛路中段，青石板铺设，每级台阶很矮，仅四厘米左右，可宽度则比一般台阶宽，一步上小了，两步又大了，所以被称为“一步半”。

解放前的黄岛路还另有一番故事。坐落于此的天香楼、平康五里、乐康里和宝兴里，都是当时上档次的妓院。1996 年，我曾到平康五里采访过时年八十五岁的商淑云老太太。商老太太是天津人，十九岁来青岛，帮大姑子管理这个有一百多名妓女的妓院。她说，当年青岛最有名的妓女都在天香楼。天香楼、乐康里、宝兴里已拆除，平康五里现在成为孤本。

随着青岛市城市化不断扩展，平康五里这样的老街区目前居住的近百户人家中，90% 是外来务工人员和黄岛路市场及周边的小商贩，本地住户大多是留守老人。黄岛路其他老房子里居住的，大多数也是外地流动人口。“嫚儿嫚儿你快走，一扭扭到十八九，上青岛，住洋楼，吃大米干饭熬猪肉。”这首流行于 20 世纪初的顺口溜，成了现实写照。

流动人口的迅速增加，维护措施的相对滞后，使老院落受损加速，有些地方甚至破败得不堪入目。

2012 年底，青岛市有关部门决定对中山路进行新一轮改造，并决定拆除毗邻黄岛路的潍县路、四方路、博山路的多处老楼房和老院落。我不禁想起英国作家西莱尔·贝洛克谈及老街时的一段话。他说，老街“堆积着人类各种各样的经历，它是一面活生生的镜子，反映着人类的成功与失败、辉煌与憧憬”。也许这些带着体温、满身故事的老街，终将一个接一个消失，正如那些曾经与我亲切交谈、被我拍摄过的慈祥老人们，终将一个接一个离去；但我已经把他们永远留在了我的照片里。我对自己说：如此，甚好。

沐浴在晨光下的黄岛路石阶路，石阶路被百年风雨沧桑磨得光亮可鉴。2008 年

黄岛路所有门头房都被用作店铺，其主要以经营蔬菜、水果、海鲜、禽蛋、肉类、面点为主，兼营少量五金、鞋帽等日用杂货。2002 年

茶
茶
MOTORCYCLE

冬季傍晚的黄岛路市场。2012 年

黄岛路市场上的商贩大多来自山东农村，少量来自河北、浙江、东北等地。2008 年

一些时尚女青年经常光顾黄岛路。2008 年

黄岛路上的小美发屋。2008 年

逛市场的一名男子。2013 年

小美发屋，闲下来的服务员用手机玩游戏。2012 年

平康五里大院。里院是老青岛标志性民居建筑。如今，在这个解放前曾是妓院的院里，住着近百户人家，其中 90% 左右是在黄岛路市场及周围做生意的外地小商贩。2012 年

福
福

平康五里大院每层楼只有一个设在楼道中间的公用水龙头，每层楼近三十户居民洗衣、做饭等都使用它。2010 年

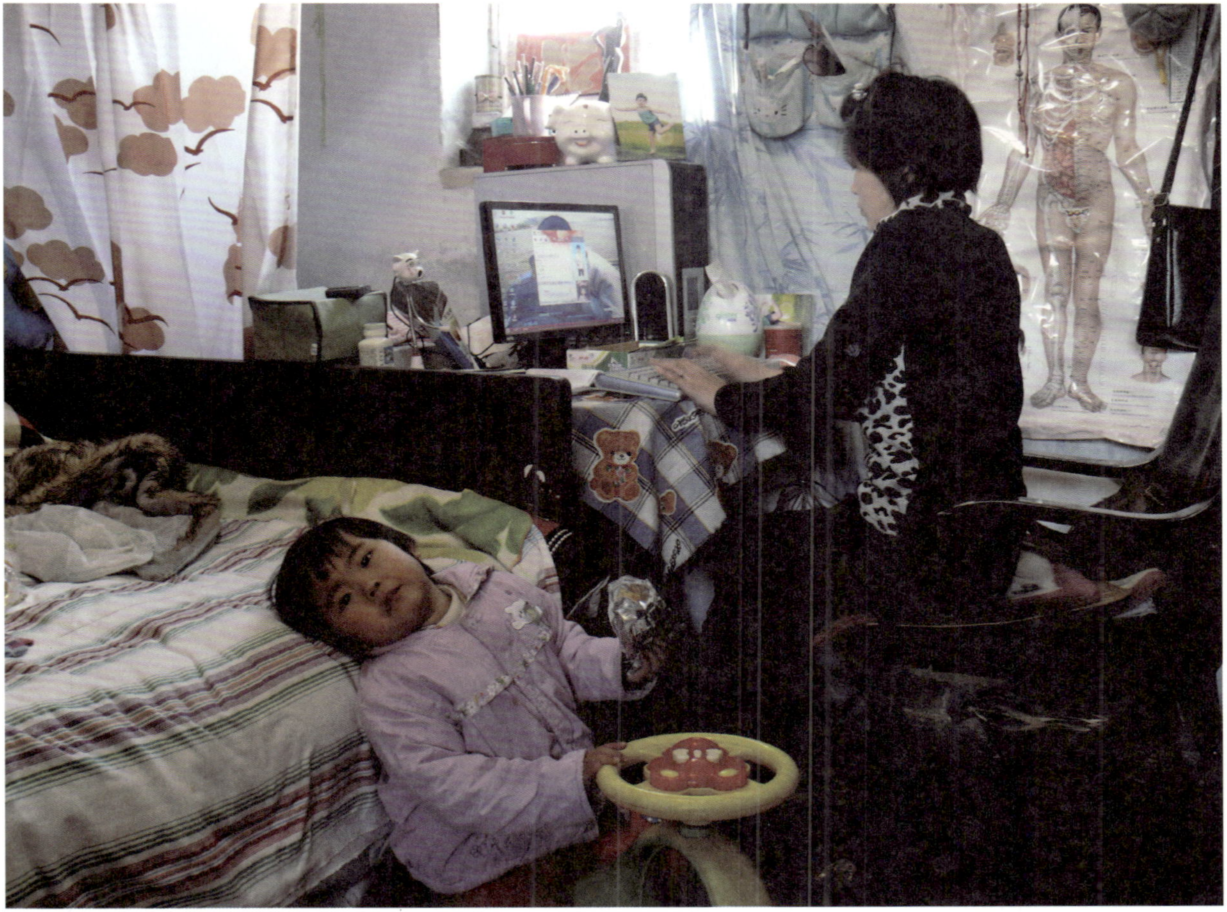

平康五里大院，居民王晶晶和她女儿。王晶晶，黑龙江人，三年前来青岛，目前从事化妆品生意，兼学按摩。现在，黄岛路所有老院落的老居民，90% 左右已搬迁，并将房子租赁出去，2010 年

黄岛路32号，晾洗的蚊帐下，正在洗衣服的居民。2015年

黄岛路32号，一名住户通过门帘缝隙中透过的光线看报，另一名住户经过这里。2015年

17 号院的居民在简陋的生活环境中享受天伦之乐。2009 年

拎着宠物逛市场买菜的市民。2012 年

小啤酒屋门前。这位老人已经八十多岁，非常喜欢喝散啤酒。每年5月中旬到10月底，他几乎天天独自一人来这里喝酒。据说，他这样已有十多年。啤酒屋是黄岛路的特色之一，顾客可以在市场就近买些海鲜，直接让店主加工，很是方便。2012年

雾霾中的黄岛路若隐若现。有一天，它会消失吗？ 2013 年

释放自我的行走

（青岛）庄周杨 作品

从 2009 年 4 月算起吧，四个年头了，我就在黄岛路上，边走边拍。

2008 年 3 月，青岛 G4 纪实摄影网站组织了一次荷赛获奖作品的观赏会，就在中山公园边上的新市民之家。我很清楚地记得，我是第一个到场的。那个晚上，好像就我一个陌生人，其他人仿佛都是老相识。我整整失眠了一个晚上，我从未看到过这样的照片，也从未想到照片会对我有如此深刻的影响，不，应该是震撼，我真的惊了！

第二天，我就买了单反相机，没有一点儿犹豫。

这一年，我几乎每天都在青岛的海边转悠。对于住在青岛已近十六年的我，深切地感觉到：尽管我很希望在这里安家，娶上一个青岛媳妇，但内心的归属依然游离：似乎总有一方亲人不在身边，似乎总有一种期待在心中流连，道不明，理还乱。当一切突然失去，我像一个孤独的孩子，瞬间方向全失，伴随着情感的失落，逐渐对这座城市失去了认同。

于是，我更加拒绝一切往来。过了年的 4 月，到新单位上班，必经黄岛路，这条路给了我别样的感受：青岛怎么还有这样“破”的地方?!不带使劲儿地走到头，也用不了十分钟。这样一条路，这样一些人，真的让我想不起，冥冥之中在哪里见过。共鸣就在不经意间产生了。在这条路上，我终于看到了“破”的自己，以各种状态，穿行其中。

于是，把单反丢掉，拿起小卡片机，对着迎面而来的人，不管是谁，我都试着举起相机。一直到现在，我，还是一个人，穿行在黄岛路上，一直紧握着相机，一直半按着快门，一直猛扣着心弦，一直屏息着呼吸，主动积极地迎上去，释放，继续，紧绷，继续。这真是一个“要命”的时刻，并非我与这些人“有仇”，实际上，我是在“恨”自己。相信在那一瞬间，从心理到生理，都是一次自我解放。

失焦、笨拙、不完美，以及那一米半的拍摄距离，所有这一切，都决定了我看不到太多，我也不想看到太多，我只对准于我有用的那个点。我对自己说：我的照片，要走近去拍。

这几年，唯有这“没有什么用处”的摄影，让我力不够使，更让我没有丝毫的孤单。我时常被梦惊醒，却总能在第一时间看到我在我的照片里，浅浅地坏笑。我对自己说，照片不是我的敌人，它是我多年不见的朋友。

黄岛路·影子，2010 年

黄岛路·男人。2010 年

黄岛路·女人。2010 年

黄岛路·相遇。2011 年

黄岛路·背影。2011 年

3 15 '11

黄岛路·老人。2012 年

黄岛路·孩子。2012 年

黄岛路·狗。2011 年

黄岛路·猫。2010 年

黄岛路•一起。2010 年

黄岛路·经过。2010 年

黄岛路·迷。2011 年

黄岛路·随。2009 年

西海固

西海固位于宁夏回族自治区南部，是黄土丘陵区的西吉、海原、固原、彭阳、同心等七个国家级贫困县的统称，1972 年被联合国粮食开发署确定为最不适宜人类生存的地区之一。

但就是在这片苍凉的不毛之地上，蕴藉着丰富的历史人文和虔诚的宗教信仰，以及美丽的女性和天真的儿童。

从繁华都市而来的女摄影师 **焦冬子**，被这里的女满拉吸引，穿越千里，在另一个地方的同类身上找到了前世的乡愁。

而生于此、长于此的 **海洋** ，则在自然纯朴的孩童游戏中反复回味故乡特有的精神内核。这并非艰苦与贫穷的刻意诗化，而是流浪之心的真挚归依。

女满拉

（北京）焦冬子 作品

中国西北部陕、甘、宁、青等地清真寺经堂学校的学生被称作“满拉”，阿拉伯语音译，意为“伊斯兰学者”。他们在寺里学习阿拉伯语、波斯语和《古兰经》等宗教知识，以男性居多。明末清初出现了女寺，始有少数女性到寺里学习。2009 年春节，我踏上宁夏西海固的黄土地，偶然接触到这个特殊的女性群体。

目前的女满拉主要集中在中国西北部的女寺，女寺一般是较大清真寺的附属，也可以独立设寺，管理人员为女性，可以是大清真寺阿訇的妻子或者女阿訇。女阿訇带领女性穆斯林进行每天的礼拜，她们是极受穆斯林妇女重视的精神领袖。女满拉戴盖头穿长袍，虽然没有年龄的限制，但大多比较年轻，在 15—28 岁之间。她们来自全国各地，一般是初中或者小学毕业，有一定的汉语读写基础。其修业年限各地不等，一般需 3—4 年，不收学费，学生只须缴纳数额较少的生活费，食宿全由寺里提供。清真女寺对学生实行封闭式管理，学生所有生活都在寺内，离开女寺需要向老师请假。

女满拉的生活简单而有规律，一天五礼：晨礼、晌礼、晡礼、昏礼、宵礼。每天从早晨五点多钟起床到大殿做晨礼开始，除去休息时间，都在上课、礼拜，直到晚上十点宵礼结束，这一天的功课才算完成。家离女寺较近的穆斯林妇女，可以根据她们自己的时间选择到女寺学习的时间，不用住校，也无须缴纳任何费用。

这些学经的女孩子也有着多彩的课余生活，下课后她们绣十字绣，打羽毛球、乒乓球；周末的时候也去逛公园，甚至去台球桌边凑凑热闹；学校组织郊游的时候她们也在田野里撒欢儿，在风里雨里大声唱歌，对着相机的镜头搞怪装酷；她们也爱美，用凤仙花染红指甲，洒上从麦加带回来的香水，有时还会在睡前敷个面膜。每逢集会，她们的各色盖头也是一道亮丽的风景。

放假后她们一般回到自己家里，边帮助父母干活料理家务，边复习功课，不会疏忽一日五课。有的也会到全国各地的大清真寺游学，游学只需自己准备路费，所到的清真寺都会热情接待并为她们免费提供食宿。

高年级的女满拉还可以到边远的小清真寺支教。那里的女人们没有条件到大寺里学习，一间简陋的小房屋就可以是一所清真女寺。我所到过的最小的清真女寺是在东乡县的堡子社镇。小镇坐落在一条狭长的黄土塬顶上，女寺就在小镇边缘，一排年岁已久的小瓦房中的一间，面积不到三十平方米，紧邻男寺。门前是狭窄的小路，连绵起伏的山峦是它的后院。这样小而偏僻的女寺一般没有阿訇讲学，教坊上的女人们平时都在家里自己礼拜，只有大寺高年级的女满拉放假来这里支教时才会开课。来听课的大多是年长的女性，她们白天为生计奔波，只在早晨和晚上来学习一两个小时《古兰经》和《圣训》，态度非常认真虔敬。

穆斯林女满拉并不一定要成为神职人员，她们毕业后的极少数会到伊斯兰教的经学院继续学习或者出国深造，其中一小部分做讲学阿訇或者去南方城市做阿语翻译，绝大部分还是回家继续普通人的生活。

我不是西北人，却从 2009 年冬天第一次踏上这片土地结识了这群女人之后就爱上了西海固，从此难以割舍。在无边的黄土坡上，在人们日复一日的劳作当中，生活一页页累积，如一本质朴厚重的书。我也是女人，这里的简单与淳朴，这里的荒芜与丰富，正如我内心深处的渴望。西海固，召唤我一次次回到她的怀中，犹如灵魂的故乡。

在学校组织下去黄河边游玩的女满拉看到相机对准她，高兴地摆出造型

做完晨礼的女满拉围坐在一起学习《古兰经》

做礼拜的女满拉

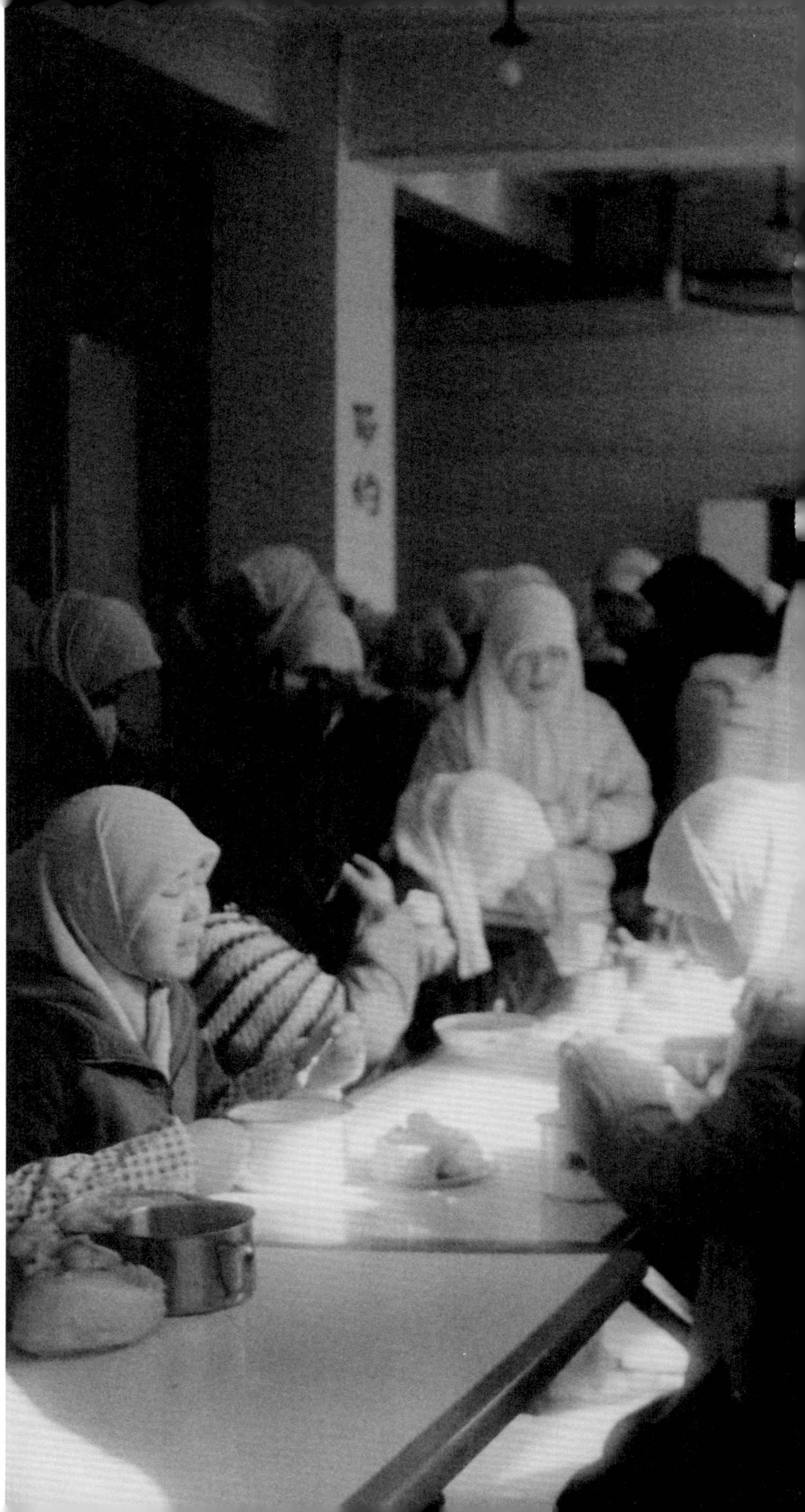

食堂打饭的女满拉

吃过晚饭的女满拉在眺望

毕业的女满拉在拆看同学们送的礼物

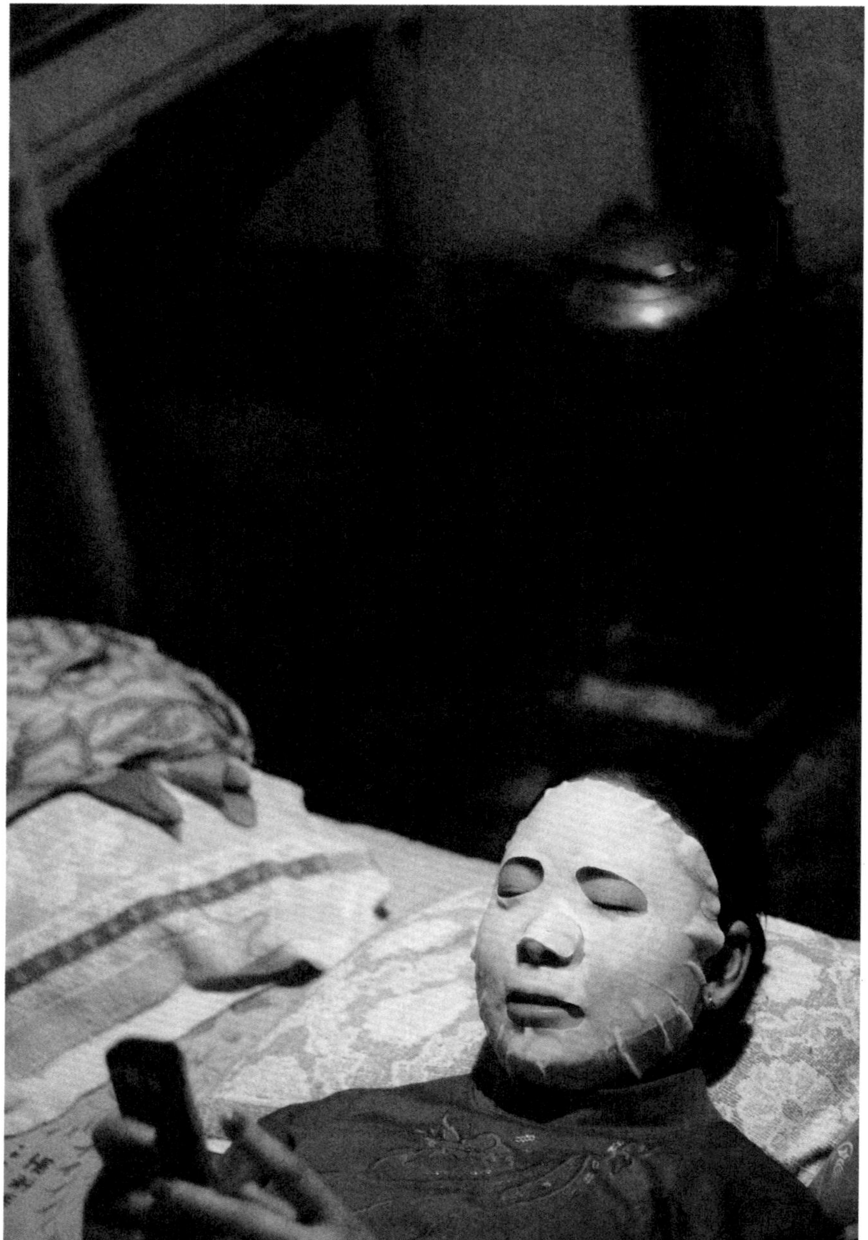

宁夏固原综合清真女寺，女满拉做完一天的功课，敷面膜准备就寝

甘肃临夏，带着相机和手机郊游的女满拉

毕业典礼

课余时间女孩子在晾衣服的天台上聊天，说说她们的小秘密

甘肃临夏前河沿女寺，两个好朋友

放暑假了，准备回家的女生用公话打电话告诉家人去镇上接她，因为从镇上到家还有十几里山路

甘肃临夏，女满拉毕业后，空空的宿舍里静静的花朵

玩游戏

（宁夏同心）海洋 作品

我小时候，照相机没有现在这么普及，接触照相机是因为父亲是县文化馆的摄影专干，单位给配了一台"海鸥"牌双镜头照相机。我喜欢偷偷地摆弄，为此经常挨揍。上大学时我义无反顾地选择了摄影专业，接触了许多搞摄影的朋友，联想到生活在极度缺水干旱山区的家乡父老，逐渐萌发了要为他们做点什么的想法。

开始，我以拍民俗为主，我自己也是穆斯林，和乡亲们在一起，相互没有隔阂。渐渐地，我觉得仅仅记录他们的生存现状是远远不够的。他们在极度恶劣的环境下，顽强地繁衍生存，默默地与命运抗争，笃守心中的信仰；尽管生活贫苦，却充满了无限的期盼，内心充盈着乐天知命的满足感和幸福感，这是当下城市人无法比拟和体会的。这才是我应该去表现的。

这么多年的拍摄，每每看到山坳里无拘无束玩耍的孩子，就不禁想起了我的童年。因为小时候随父亲下乡演出，会和当地的小孩玩成一片。乡村小孩的游戏虽然很单一，却是和大自然的天人合一。进村里拍摄，首先跟在你周围的肯定是一群顽皮的小孩：男孩们会跟着你起哄，女孩们会很羞涩地躲闪，当他们和你熟识后，会带给你许多惊喜。他们的游戏无人约束，场地更是没有限制。但就是在这无拘无束背后，他们会比城里小孩成熟——只要吃饱穿暖，几乎没有其他需求，甚至，他们会替大人承担一些家务和农活。

好多的村子我已记不清去了多少趟，每次走进一个村子时，总会有人问我："呵呵！又来啦！"我也会给他们道一声穆斯林真挚的问候："安色俩目，尔来库目！（愿真主赐予你安宁。）"我在村里留宿，尽管是极度缺水，可他们总对我说："你用，我们的水够用。你们城里人洗得勤，我们习惯了。"在暖暖的冬日，没有了农活，走进村里，常常会看到屋前或墙根围着一群人，有抄着手晒着太阳拉家常的，有蹲在地上下四码子（类似于围棋）的。妇女们则抱着孩子或纳鞋底、绣花并拉着闲话。如若问起他们的生活或者收成等怎么样时，他们会坦然地告诉你："知感！知感！（感谢真主赐予我们的一切。）"

回族是一个热情好客的民族，无论你走到哪个村子碰到老乡，不管认识与否，他们都会热情地让着你到家里坐坐，就像是自家亲戚一样，这在城里是不可想象的事情。在老乡家里吃完饭你要给钱，他们会认为是瞧不起他们，总是说：“就吃了碗甜面给什么钱？你们城里人真有意思。”也正因为和老乡没有距离感，才会有了这些生活化的图片。近年来，国家把部分地区的贫困人口搬迁，异地安置。西海固地区目前已有近二十万贫困山区的农民迁徙到生产条件较好的地方。在那里，孩子们天真童趣的游戏还在继续。

废弃的车胎、车圈是农村孩子们百玩不腻的最常见玩具

废弃的轮胎也是玩具

打毛牛（陀螺）在城市里已不多见，但仍然是麦场上孩子们一显身手的游戏

山村体操秀

体育器材的缺乏和简陋，丝毫不会影响他们的乐趣

跳皮筋

在炕头抓拐的女孩

农村的孩子没有专用的书桌，大都是趴在炕头做作业

搬迁时废弃的东西也会让孩子玩得兴高采烈

原乡/异城

农村包围城市的大迁徙，不仅仅是从原乡到异城的地理转移，更是物质身份与精神身份的双重置换。“国家城市化”进程中伴随的“个人城市化”，注定是一场身心交战。城市可以栖居，却未必可以归属；乡土无法归去，却又藕断丝连。所谓的寻根之旅，往往是获得了表面零碎的记忆片断之后，更为深刻的精神失落。

被父亲牵引着从城市重返原乡的 **孙京涛** ，只能以外来者的目光重新打量他最熟悉的人们；而远离故里的 **张新民** ，跟随乡亲们一起见证了中国“民工潮”，最终，停靠在一座平空而起的城市深圳。

因为这样的经历，他们平静的镜头里，汹涌着跌宕起伏的宿命和无法停止的寻找。原乡与异城，或许将会是我们越来越难以抉择的矛盾。

父亲的村庄

（济南）孙京涛 作品

父亲，像他那一代大多数农民一样，没有文化、朴素、勤劳。

父亲的村庄，也像大部分胶东农村一样，贫瘠、平淡、籍籍无名。

然而，就是这样的父亲，和他的东石水头村，成为我生命的启航。

改革开放前，父亲一直是生产队赶马车的，这份略略异于普通农人的职业，是我向小伙伴们夸耀的资本。我总觉得，父亲能走得很远很远，走到村人们都走不到的地方……。因此他的每一次离家，都会引发我对外界无穷的想象，然后添油加醋地演绎给伙伴们听。

大约在我三四岁的时候，父亲第一次带我到生产队的饲养场玩耍。当时的饲养员叫张爱，干瘦老头，跛腿、脾气大，早年在外当长工，闯荡江湖，见多识广。张爱大爷定定地看着我的眼睛，转头对父亲说："这孩子，以后就靠这双眼吃饭！"父亲不屑：人都靠双手吃饭，哪有靠眼吃饭的？后来我考上大学，学摄影专业，父亲想起张爱大爷当年的"预言"，不胜唏嘘。

年龄稍长，我随着父亲的马车进了城。我知道，在城里，有不用马拉就会自己跑的汽车，还有能把人吸到肚子底下轧死的火车。父亲说："使劲念书吧，念好了才能到城里工作。"我听父亲的话，从县城的重点中学一直念到北京的重点大学。

大学毕业，系里保送我上研究生。四年本科，我已经几乎让家里家徒四壁了，还可能再读三年吗？我回家问父亲，要不要上这个学。

"研究生是什么？"父亲问。

“大学毕业了可以教高中，研究生毕业了，就可以教大学。”我比画着跟父亲解释。

“那咱村有孩子读吗？”

“没有。”

“那咱附近这三个村子有孩子读吗？”

“好像也没有。”

“那你得上！砸锅卖铁也得上！这个不是钱能买来的！”

父亲果断地替我做了主。

后来，我真的在城里工作了。我觉得自己就像一支箭，而父亲，就是那张弓。他铆足了一生的气力，把我放飞出去；自己却囿于那个封闭的乡村，日渐衰老。

父亲经常说起一个故事：有一年正月十五晚上，一位年龄比父亲小，辈分比父亲高的“小老奶奶”来到我家，坐下了，只是一个劲儿地东拉西扯。父亲陪了一会儿，问：

“奶奶，您来我家，是有什么事儿吧？”

奶奶的确有事，可她不好意思张口——她是来借钱的。儿子去烟台打工，缺一百块钱盘缠，上不了路。

父亲二话不说，拿出钱来：“一百块够不？”

“够！够了！”小老奶奶连声说。

父亲客客气气地双手呈给她一百块钱，奶奶客客气气双手接过。

年尾，腊八刚过，“小老奶奶”就来了，还拎了两瓶“莱阳白干”。她客客气气地双手呈上一百块钱，父亲客客气气地双手接过。

第二年正月十五，“小老奶奶”又来了，还是客客气气借一百块钱；待到年尾腊八，还是拎两瓶“莱阳白干”，客客气气地还一百块钱，而父亲，总是客客气气地接过。如此往复五六年，直到她的儿子成家立业。父亲说，小老奶奶遵循古训，债不过年。“她真是个要面子的人！”我喜欢听父亲说这个故事，很多东西，从这个故事一直流淌进我的血脉。人到中年，蓦然回首，却发现，这片自己曾经拼命挣脱的土地，却早已注定了此生所有的精魂。

近些年，许多体力活儿，父亲已经力不从心。经常地，他会发现一堆土杂肥“被偷了”；待到耕种时，却发现那堆肥已经被均匀地撒到了地里。或者，在大收时节，门口突然响起一嗓：“大叔，你陡崖山的麦子割回来了，扔门口了啊！”出门去看，却是杳无人影。

2007 年 4 月 16 日，在我的一再劝诱下，一辈子不愿花钱的父亲终于同意做手术，安装心脏起搏器。在手术室外，我算了一笔账：我一年差不多回老家四趟，父亲已经七十五，假如他再活十年，那么，我统共只能再见他四十次！

就是这个结果，让我开始拍摄《父亲的村庄》。每拍一个人，我都会向父亲念叨念叨，父亲便给我讲他们的故事。我惊讶地发现：每一个我以为熟悉的人，都是那么陌生；而每一个看似最平常的生命，都是一个不可复制的传奇。

2012年10月22日，我从医院将父亲送回老家，“保守治疗”。

秋后的山峦，灰黄而沉寂。我在陡崖山的庄稼地里，面对抓住最后的温暖盎然生长的苦苦菜，架起相机。这是生命最后的亮色，这些灿烂的绿色将在一场不期而至的霜降后迅速枯萎。父亲就在不远处的地里刨着芋头，准备给我回城时带走。我举目四望，已经收获完了的玉米秸在秋风里颓然抖动着修长焦黄的叶子，瑟瑟作响。卡萨尔斯的《鸟之歌》从心底泛起，泪水，夺眶而出。

三个孩子与六只被遗弃的小狗。孩子们会到小卖部买香肠给小狗吃

父亲（右二）和他的几个老哥儿们。这七位老人的年龄加起来是五百六十岁，他们一辈子都抽自己种的旱烟，都为自己有一支好烟杆而自豪

孙月江二爹，七十六岁。父亲的亲弟弟。父亲当年靠给先生打短工，供二爹读了九年书，又送他去当了七年兵，希望他能奔个好前程

香炉斗儿大爷，八十岁。本名张正清，香炉斗儿是他的绰号。改革开放后，一直与父亲搭伙种地，是父亲最好的酒友

孙红英大嫂子，七十四岁。她儿子张明举和我是发小的同学

张兰红大哥，七十八岁。媳妇是离婚后改嫁给他的，他把媳妇带来的两个儿子一把屎一把尿养大，视若己出

瓦房二奶奶（张志军），1929年生。解放前靠勤劳节俭盖了村里少有的六间瓦房，故村人称“瓦房的”。二奶奶育有一子七女，现已四世同堂、儿孙绕膝。但只要儿女回家来，不管多少人，所有伙食都是她料理，不愿他人插手。我父亲去世后，每逢祭日，二奶奶都亲手扎摇钱树一株，让我们带到父亲坟前

张同方大哥。我父亲在生产队赶马车那阵子，他父亲是饲养员。一家老实人却因为穷而无人说亲。无奈，他母亲花了六千元为他弄了个云南媳妇。可那妇人不善，压根就没想与他过日子，各种巧言令色哄得老实巴交的同方团团转，最后把家中有限的值钱物品席卷而去，杳无音信。同方母亲因此大病，含恨离世

王凤云嫂子，八十五岁。她小儿子与我是发小的同学。与八十四岁的老伴要么去村里的蔬菜加工厂干活，要么在家加工废塑料，自给自足

福
娃哈哈
幸福人

张玉斋叔，七十二岁。一辈子没娶上媳妇。他母亲和我奶奶是一辈子的好姊妹

盖竹英大嬷，八十一岁。父亲干妈的亲侄女，早先差点儿嫁给父亲

孙月秋大爷，1932年生。年幼丧父，母亲改嫁，他随侠骨柔肠的孙学林爷爷长大成人。育有四子一女。因勤劳能干，曾当过生产队队长。靠推着一辆小独轮车贩鱼卖，给四个儿子盖了四栋瓦房，娶上媳妇。人极勤快，生活极俭素，至今如此

张本亮叔，六十六岁。1947 年反动武装还乡团到我村扫荡，他母亲在逃难途中生下了他

别人的城市

（深圳）张新民 作品

“腊月二十三祭灶王爷”，老胡两口子百味杂陈：汽车票买到了，深圳到潼南，680 元一个人，比平常贵一倍，但明天终于可以回去过年了。来深圳打工十年，两口子只回去过两次。在南方狭窄的出租屋里过年，为的就是攒下钱来帮补儿女正儿八经在城里安家。这个目标在 2013 年就要实现了：儿子在重庆买了房，春节结婚。这样的喜事，做父母的当然要提前几天回去，但厂里硬是不批假，放出话来：要走可以，自动离职。这意味着老胡一个月的工钱是彻底拿不到了。

深圳的最低工资线是 1500 元，老胡拿 1800 元，像他这样的川籍、重庆籍农民工在深圳有很多。他们靠出卖劳动力吃饭，一干就是十几二十年，从来不敢想象能住进这里的天价房。他们住棚屋，住城中村，年复一年，至今未变。1997 年，我曾在沙井镇拍摄过我的老乡——四川农民工聚居的棚户区。后来，棚户区没有了，外来务工人员的落脚地是城中村，或者城乡接合部的简陋出租屋。二十多年过去，深圳的城中村越来越密集，功能越来越齐备，小超市、洗脚屋、网吧、饭馆、菜市、药店、麻将桌、老军医……一应俱全。我住的地方临街，背后就是三个自然村连成一片的巨型城中村，十几万租户，将近一半操四川方言，袭川渝风俗。

二十多年过去，这些特别能吃苦耐劳的人依然不是这座城市的主人——他们看新闻联播里不断被刷新的 GDP，看路虎奔驰在马路上风驰电掣，偶尔也去看华强北新起的地标地王，去深圳湾看一水之隔的香港……他们看着别人的城市日新月异，我的父老乡亲们，就这样一天天老去。一些人，慢慢地就淡忘了老家，慢慢地，就习惯了出租屋里的城市化。

深圳南山区的南山村、南园村、北头村，三村连成一片，全是自建的出租屋。2009年

春节期间，很多人回不了故乡，小杂货铺的电视机前经常挤满了老乡。1997年摄于沙井镇川籍农民工聚居的棚户区

胡榜武夫妇来自潼南县农村，2003年来深圳打工至今，很少回老家过年。不过今年要回家了，因为儿子春节要结婚，一高兴，老胡把老家的照片取了下来给我看

重庆渠县农民杨绍西，1993年来深圳打工，一直没结婚，二十年从来没回过老家。2013年摄于深圳观澜

老了，干不了流水线了，但深圳的活路很多，比如，在海滩做个清洁工。1998年摄于深圳杨梅坑海滩

第二代农民工。2009年南园村

四川人开个小店，也忘不了腌一竹竿腊肉，种一棵盆栽，养一只小狗，沏一壶酽茶。2013年南山村

南园村，给孩子买矿泉水的大嫂。2009年

四川人把面饼叫锅魁，做法独特，一定要用擀面杖打面，成型之后用铁锅煎，用碳火烤。在棚户区，哪怕用残缺的铸铁锅片，也有人经营这种地道的锅魁摊。1997年摄于沙井

偷得半时闲，也要将一军。2012年摄于北头村

周边是2000年以后的高楼，再往里，是20世纪90年代的，再往里，是50年代甚至更古老的建筑。2010年摄于南园村

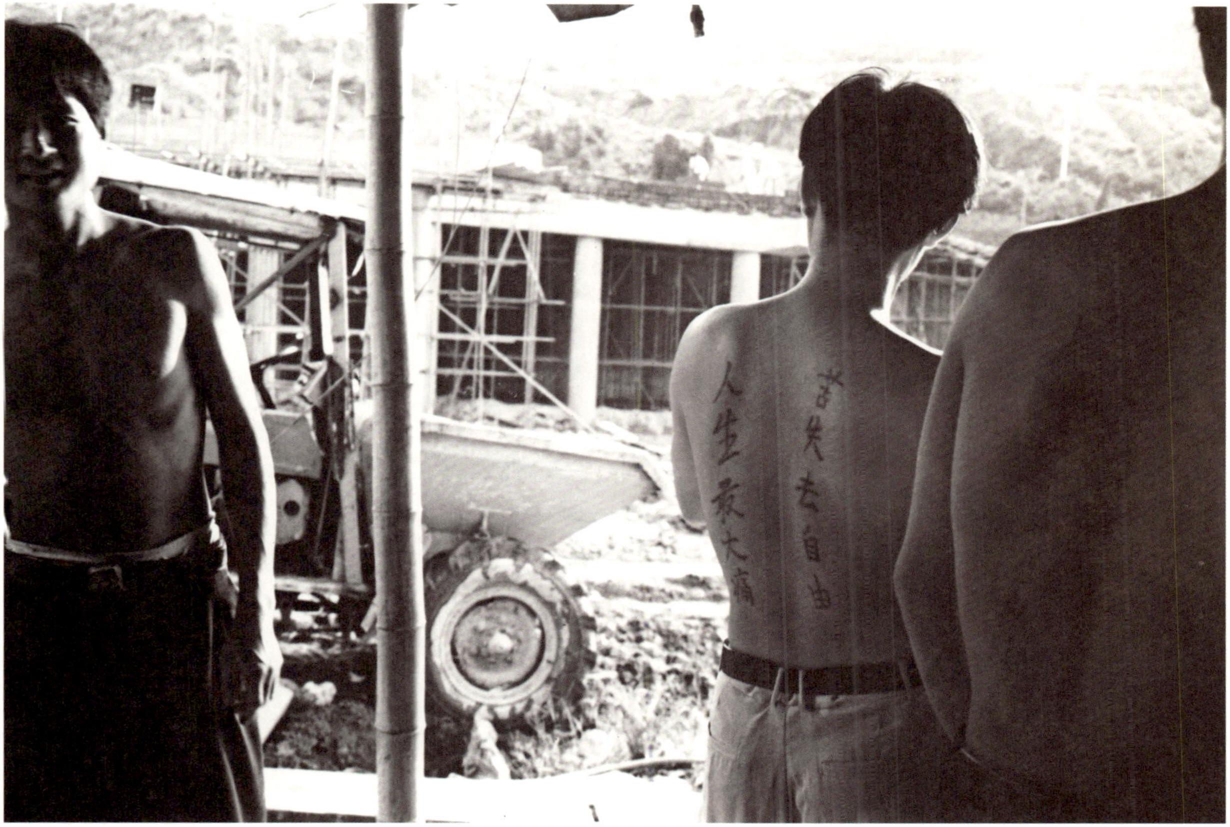

前海某建筑工地，三个川籍农民工背上的刺青：人生最大痛苦失去自由。摄于1999年

深圳南山区的南山村、南园村、北头村，三村连成一片，形成深圳最大的城中村。这是透过飞机玄窗拍摄到的三村全貌

2016年·第二季

短短十余日公开征集，我们收到海内外读者两千余投稿，这里只能选刊其中五十幅。

在这些普通人的照片里，平凡琐屑的生活在“吾城·吾乡”之间成为鲜明的对照，而心底最柔软的触动，就在这对照中潺潺流动。

生存与生活，有多远？

我们收到的第一组读者来稿，是在征集启事发出后 1 小时 43 分。这两张图片和它们的文字说明一样简单直接，一目了然——吾城：我生存的地方；吾乡：我生活的地方。

一字之差，却隔了魂梦千里，山水万重。

生存，那是要奋斗，要打拼，要努力为理想的好生活忍耐、磨砺、承担、坚强。

而生活，则像一张柔软的旧毯子，包裹着你，很温暖、很熟悉，但也有点儿闷，总让你忍不住向外张望。

生存与生活，有多远？

它们在照片里挨得越近，它们之间，就隔得越远。

而我们，就是在这二者之间，不断地离去、归来，不断地在徘徊中，体会生命的重量。

赖鑫琳

吾城：上海市。外滩观光平台上的一滩水，把黄浦江对面陆家嘴的摩登高楼映入其中，构筑了一个唯美的大上海梦境。有多少外乡青年为寻这层梦境而来？我就是其中之一。一个城市，能让人产生并安放梦想，便值得留下

吾乡：江西省龙南县武当镇横岗村。只有在春节，我所熟悉的家乡才会回归它原来的样子，也只有在春节，乡村断裂的人文生态链才得以短暂的愈合。就像画面中，青山远黛，晨霜素裹，乡野舞龙，似乎什么都没有改变，浓郁的乡土气息，还是记忆中的样子，总是在异乡勾起我浓烈的乡愁

王警

吾城：2016年2月7日，陕西西安高新区。夕阳的余晖即将在秦岭的那边消失，高新区新建的摩天大楼开始点亮灯火。城市的密集和繁忙是家乡人无法想象的图景。也许，经过了城市的繁华，才能体验到乡村的宁静和安详

吾乡：2016年2月13日，陕西蓝田县焦岱镇老虎沟村。初春的一场雪将家乡的沟壑漂白，因为没有高楼，几乎没有谁像这样观察过村子，没有发现村子的另外一种样子。几年前，一条环山旅游公路从村前的小河边经过，人们的生活发生了改变。如今白鹿原影视城在村子附近建设，人们期待更多的变化

朱骏

吾城：2014年8月3日晚8点，在浙江省嘉兴市区纺工路附近的高楼上远眺市区，整座城市大多地方都漆黑一片，只有南湖革命纪念馆周围亮着灯

吾乡：2016年2月8日零点，大年初一，浙江省常山县辉埠镇东鲁村，村里灯火通明，为回家的人照明。家家户户要连续亮灯三夜，这个习俗已经很久很久

雨儿

吾城：是我回老家坐火车时拍的，火车硬座，二十多个小时的行程，我想不管多么辛苦都不能阻挡人们回家的脚步吧！夕阳下，近处是回家的攒动的人影，远处是这个现代化的城市。黄昏已近，该回家了

吾乡：是我在农村老家拍摄的，年过六旬的母亲照例要备好新年的食物，布满皱纹的一双手已经为我们家蒸了四十年的馒头，一切在变，唯有母亲亲手和面蒸的馒头，还是儿时的味道。母亲，愿你岁岁安好

郑志刚

吾城：大学毕业后到大城市工作，生活条件越来越好，房子越住越大，门却越来越多，关得越来越严，一道木门不够，再加道防盗门，还有猫眼，来人也越来越少。整天是一家子人关在屋子里“躲进小楼成一统，不管春夏与秋冬”。对门的住户偶尔开门遇上了，只是礼貌性地点点头，微微一笑，从不多说几句话。城市里的这扇门，阻隔的不仅仅是人的视线，更是人与人之间的真诚与温情。向往家乡永远“敞开着”的大门……

吾乡：家乡老房子的大门是岭南特有的木趟栊大门，母亲平日里说得最多的一句话就是："快把门打开，透透气。"她老人家每天做的第一件事就是把客厅的门敞开，让外面的空气吹进来，即使是严寒的冬天也不例外。且村里家家的门都是敞开着的，很少有人家上锁，方便路过的邻居停下来歇歇脚、聊聊天。那个小院盛满了我童年美好的回忆

爱与你，有多远？

要离开你很久，才知道：是不是真的爱你。

总是要回到你，才知道：我值不值得去爱。

让我们克服距离，以至无视距离的，是爱。

让我们清晰地意识到距离的，也是爱。

如果我们足够热爱故乡，为何要离她而去？

如果城市有足够的爱来喂养我们，为何又恍然若失？

爱与你，有多远？

这也许是你和我，一生的追问。

付建荣

吾城：武汉。2014年圣诞节和男朋友去鹦鹉洲长江大桥上漫步，那时候桥刚刚修建好，还未正式开通，整座大桥上行人很少，我们在桥上漫步，在桥上欢笑，那晚感觉整座桥是属于我们的

吾乡：宝鸡。2014年端午带男朋友回家，我们去麦地里玩，不经意间拍的照片才感觉原来最美的莫过于大自然那不施粉黛的纯洁与美丽

王家璐

吾城：这张照片是去年夏天我抱着儿子在工作单位附近的旋转木马上拍的，巧的是那天我们俩无意间竟穿成了母子装

吾乡：这张照片是今年过年回家在外婆房间的老相册里找到的，从背景已分辨不出是在哪里拍的了。由于时间久远，相纸已经开始腐烂，甚至开始掉粉，但仍能清晰地看到当年妈妈年轻温婉的模样和我男孩子似的神情

汪汪

吾城：2016年北京八大处。愿望：爸妈身体健健康康，哥哥嫂子早生猴宝，姐姐全家幸福快乐，我自己在外一切安好

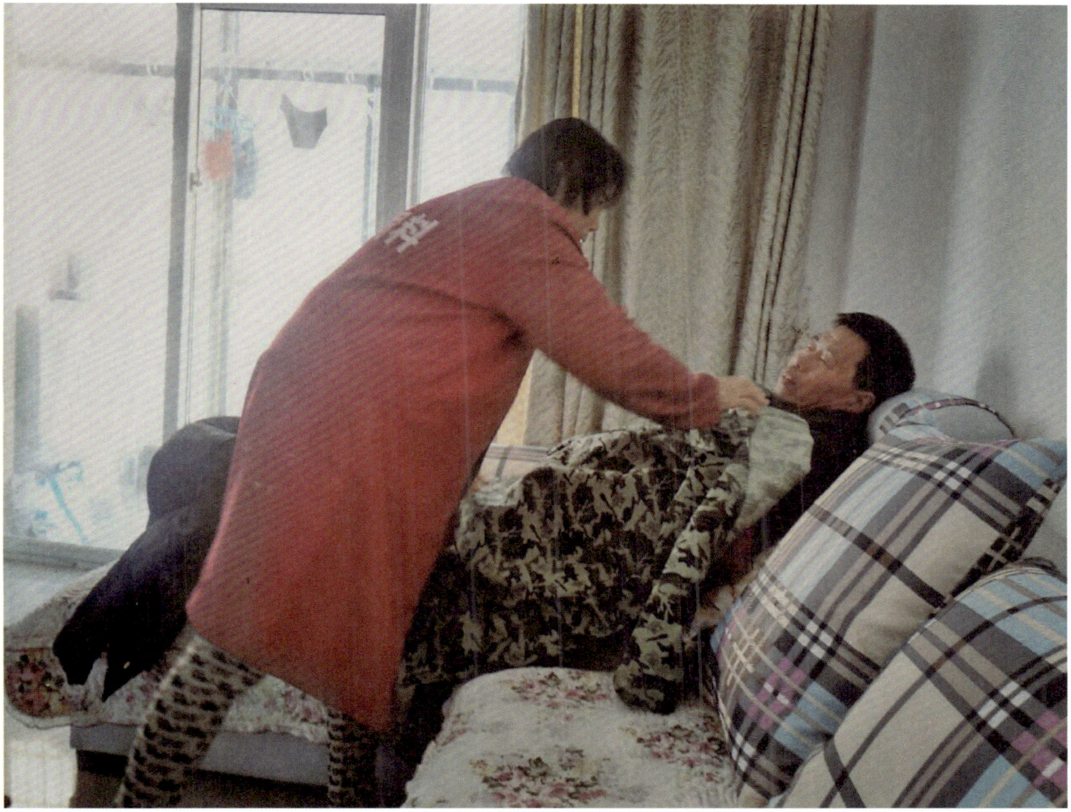

吾乡：北漂好几年了，情况没有变好也没有更坏。只是在每年春节回家时发现，父母是真的老了！身体差了！看着曾经那个急躁又坏脾气的爸爸，爱唠叨且唯诺的妈妈，争争吵吵了大半辈子的两人，老来相濡，很暖心，很安心

张军

吾城：这是我现在在广州打工生活的照片。今年大二，在北京上大学，第二年没有回家，我在外面生活得挺好，希望我的爸爸能够放心

吾乡：这是我的亲弟弟在江西省金溪县的一个农村拍的，我小时候也是在这条小溪旁长大的，弟弟也是。只是父母离婚后就再也没见过弟弟，这是唯一一张弟弟的照片，所以一直都是心里的一道坎

冯岚雅

吾城：说到我居住的地方，那便是西芝加哥这个小村庄。常年居住在广州的我，从未见证过夏秋交替时的艳丽色彩。我想将这份喜悦和激情传达给我国内的亲人好友，让他们看到不一样的风景，和我每日行走的校园的一部分

吾乡：在外求学最想念的，是家乡的气味。独在异乡为异客，每逢佳节最思念的就是广州的传统工艺和各式各样的美食。不知下次回云的时候，还能否看到这些令人怀念的老面孔和其中的味道

李岳

吾城：我现在是伦敦艺术大学新闻与纪实摄影的学生，这张照片是2012年刚刚到来的时候，拍的第一组学生作业里的其中一张。为了那个做摄影记者的梦想，只身来到伦敦，这张照片是我寻梦之路的开始，当自己觉得孤单、沮丧、失望的时候，想想当初的梦想，就会继续充满动力地坚持下去

吾乡：照片里是我的姥姥抱着我妹妹的女儿。因为爸妈工作的原因，我和姐姐、妹妹从小跟着外婆长大，都算是留守儿童。现在外婆已经渐渐老去，妹妹也已经诞下新生命，时光飞逝，生命更替，家人的爱是无私的也是免费的。因为常年在外留学，就一直把这张照片放在手机里，感恩外婆的养育 也希望家人都可以健康快乐

魏宪凯

吾城：冬天，没有因为寒冷就阻止我在这个城市（哈尔滨）不停奋斗的脚步。在拥挤的公交车上，我用手在上了霜的玻璃上做了几个脚印。是的，透过阳光脚印是那么清晰，那么有活力！“天行健，君子以自强不息”；“地势坤，君子以厚德载物”。记得刚离开家门的时候父母就说：要认真做事，宽厚待人

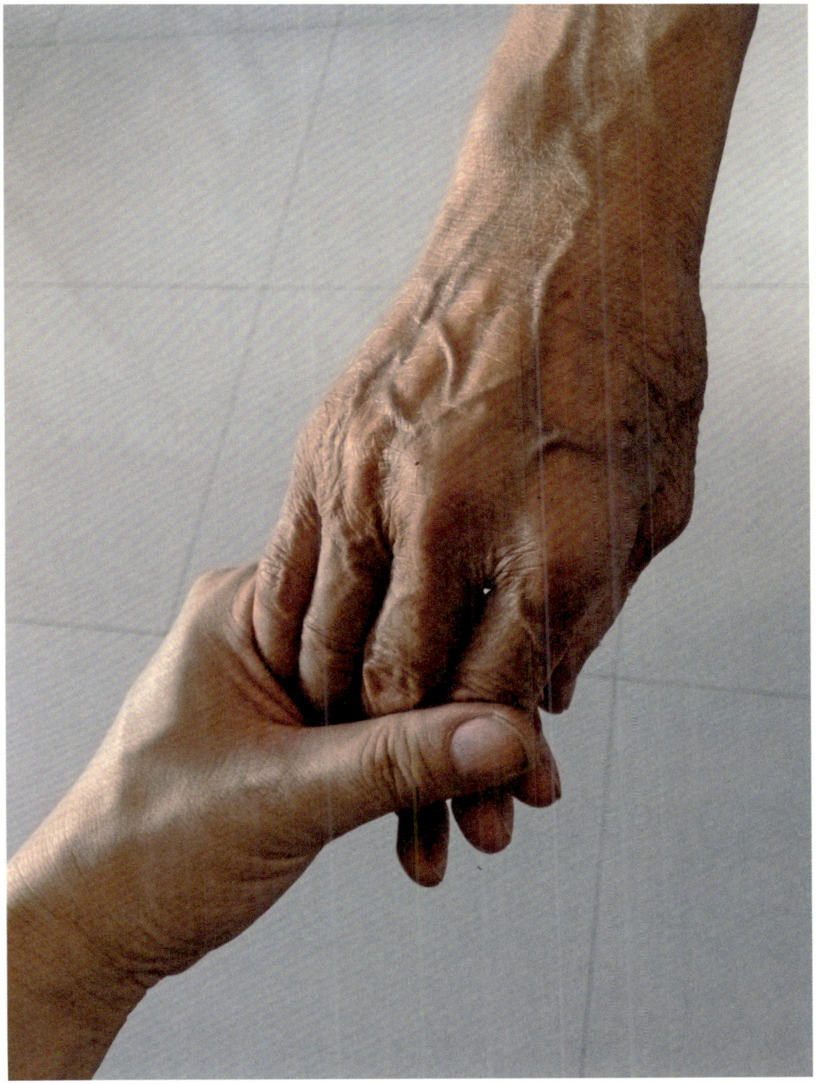

吾乡：牵挂，不仅是拉手，更多的是在心里。父亲的手已不再雄厚有力，手背上老年斑和突起的血管已经告诉我：现在的父亲已不再是当年用自行车带着我的父亲了！离开家乡，当你倦了，当你迷惑的时候看看父亲拉着你的手的照片时，父亲仿佛在说：孩子，累了我就拉你一把；实在不行还有家，我拉你回家

问题与答案，有多远？

我没有想过，我可能会成为一个“问题”。

你也没有想过，你可能是一个“答案”。

问题，与答案总是交错散落，互为彼此。

就像每一个无法预知的命运，

都是这个大时代出人意料的注脚。

浦峰

吾城：2015年12月8日，北京，首次红色雾霾预警，学校停课，家长接孩子回家。这几年在北京面临的最大问题不是房价，而是空气。孩子一次次犯病、没法出门自由奔跑的时候，我们总在纠结之后继续前行

吾乡：2016年2月7日，江苏无锡，家中祭祖，六岁的浦暄晨在旁边抢红包。这是一群北漂二代，在父母工作的城市无依无靠，孤独地生活，回到老家，也不会关心上一代的习惯

林宏贤

吾城：2016年2月2日，春运期间，受北方雪情不断加大影响，与广东毗邻的湘赣两省也出现大范围冰雪天气，造成大部分南下广东的列车晚点，广州站和广州东站多趟始发列车也循环晚点。搭乘火车返乡的旅客滞留在广州火车站广场上，公交总站暂停封闭，站满了候车的旅客。据媒体报道，曾一度有十万人滞留在火车站附近。作为一名摄影记者，我毋庸置疑要出现在现场，并记录之。当我带着这张满眼充斥着黑压压人群的照片回到家乡，打开手机时，我母亲说，她这辈子还没见过有这么多人的地方

吾乡：在我的家乡汕头潮阳，春节期间要祭祀双忠烈，而每年的大年初十和十一，神明游街驱邪祈福是最热闹的时候。那两天村民会放下手头的工作，带着小孩早早在游街队伍的行进路线上等候，胆子较大的男生甚至会爬上树头或屋顶，以占据最佳的观赏点

靳威

吾城：在这里读书三年了，每次回到家乡，看着小县城里的教育资源之匮乏，都会想，如果能把这里读师范的兄弟姐妹们带回去一些，家里的孩子们，应该就不用像我们当时考学那么吃力了吧

吾乡：北方的小县城，没有多少车水马龙的街道，没有多少霓虹闪烁的夜晚，静谧的寒冷塑造了一场狂欢，就像小时候一样，这是大自然馈赠给我们的游戏

芙蓉秋江

吾城：老二过生日那天，看到二胎全面放开的新闻，没想到这么快，悲喜交集。终于，他可以大大方方地在阳光下奔跑了

吾乡：2013年的春节，老家的院子，飞雪与腊梅。对面的古建筑是清代状元吴其濬的故居。小时候整日在此打闹疯跑。转眼间时光流逝，乡愁却日渐堆积如山，无处安放

王效

吾城：一顿团年饭，一张合影，无论是在哪里都会让人们有了归属感。一周前，七八个关系亲密的同事说是要团年，就选了一个不是很忙的中午去找地方吃饭。那时节日的气氛已经渐浓，到处的餐馆都要排队，在两家餐馆排了近一个小时后，大家随便找了一家超市里的茶餐厅，抢着点菜，大快朵颐，顷刻间只剩一堆碗碟。这是节前最后的畅快，也是对回家的期盼

吾乡：一周后，作为土生土长的成都人，我来到了另外一个家：老婆的家乡深圳。这本就是一座移民之城。年初二，在深圳标志性建筑邓小平像前，许多四川口音的年轻人搀扶着老人在海报画前留影。对这些四川老乡来说，深圳原本只是他们的城，四川才是他们的乡。但随着岁月的流失、生活的打磨、家庭成员的增长，城与乡的情感界限越来越模糊。直到有一天，异地也成为他们以及他们后代的乡

占有兵

吾城：车间。2014年12月9日，广东省东莞市长安镇，电子厂的生产车间。理由：妈妈（即我的岳母）活着时，问我工厂的人有没有我们生产队的人多，我说比大队的人都多，妈妈说那挤在一起怎么干活呀，我解释了一通，妈妈半信半疑。妈妈过世了，我才完成她的愿望，把这张照片带回去，放在她的坟前，让她在天堂可以看见工厂的人真多

吾乡：祭奠。2013年4月19日，湖北省谷城县庙滩镇。妈妈（即我的岳母）永久离开了我们，从此以后，我回家的愿望越来越小了。岳父早已过世，父亲也过世了，我把妈妈带到广东来，和我们一起生活。岳母走了，我们回家没有盼头了。把这张图带来，让我们思念时，能再看看送她去天堂的样子

记忆与可能，有多远？

记忆会产生很多种可能。

因为记忆往往美好，甚至美化那曾经的一切。

但此刻，才是“可能”真实的样子。

它未必如记忆所愿，

但有了记忆，我们才有了可能的可能。

邹天涯

吾城：香港。听闻家乡为了发展经济，要兴建造纸厂和电解铝厂，预见未来环境将逐渐变差。多么希望能够带给家乡蓝天与白云

吾乡：眉山。三苏雕像广场拆迁在即，要兴建更豪华的商贸中心。三苏风骨长存，纵使千呈，亦铭记于心

李华春

吾城：我自幼在农村长大，是村里寥寥无几的大学生，在村里老乡的眼里，我也是在外面混得最有出息的人。三里五村的都知道我父母有个儿子是大学教授，用他们的话说就是："厉害得很！"父母提起我时也非常自豪。村里人都知道我在杭州工作，村里人来杭州玩过的人很少，但是他们都知道一个景点——西湖，乡亲们问我最多的也是"你家离西湖有多远"之类的话，所以对于乡亲们来说，西湖就代表了杭州。年前刚好杭州下了一场大雪，我就拍了一些雪后西湖的全景照片，准备和乡亲们拜年、聊天时让他们看看

吾乡：回到家乡，我转了不少地方拍了不少照片，唯独我到家当天在集市上拍摄的一位卖布老大爷的照片让我非常喜欢，让我真正找到了儿时的回忆。小时候，平时穿的衣服很旧，而且带有不少补丁，每逢过年时母亲就会用省吃俭用省下来的钱为我扯点布做件新衣服，而我往往为了穿这件新衣服从年三十晚上一直在床上眼睁睁地坐到天亮——只有到了大年初一母亲才让穿新衣服。现在，我们都是买现成的衣服，在城市里根本见不到卖布的商店了，这次在家乡的集市上看到摆在摊位上花花绿绿的各种布匹，既兴奋又亲切，这亲切中带着我对儿时生活的美好回忆

徐延锋

吾城：复旦大学图书馆的一夜夜。求学的孩子们可一点都不轻松。在很多人打游戏的时候一夜夜泡在图书馆和通宵教室，在人生最美好的年华有着目标和动力，一定能让亲近的人感到宽慰

吾乡：无数往返的车票。当初到省城去读高中注定是一个艰难的决定。父母一次次奔波双城之间，单程十几的车票花掉千余元，为的就是我能有个无须多虑的环境来冲刺高考。每次凝视照片，胸中自有暖流

王国粱

吾城：上海杨浦。在复旦大学文科图书馆四楼走廊，望见朦胧中的光华楼。我今年研二，照片拍摄于2015年底，这时我刚刚放弃读博的想法，决定工作。从此读书不单是为学术啦，而学术曾经是我最想做的事情

吾乡：莱芜雪野。在东下游村，从我家的房顶上向南望，恒大公司在几年之内建起了恒大酒店（左边高突的建筑）和一幢幢别墅。我属羊，家里老二，爸妈接近花甲，我告诉爸妈我想做记者，他们都强烈反对，希望我做些稳定的工作，比如公务员。也许故乡从来不是一个使人心静的地方，但它能把所有事情一下子呈现在面前，让未来变得清晰

林晨阳

吾城：台湾桃园。在台湾学习生活，最想告诉家里人的是，在海峡对岸仍有一群志同道合互相照顾的朋友，都为不同的梦想一起努力。也最想把吾城的友谊与梦想带回故乡，带回家

吾乡：福建泉州。在依山靠海的地方长大，在离开后受挫彷徨，都会想要向吾乡索取怀抱，那里的云、山、海，那里的亲人好友。志得意满时也最想要向吾乡炫耀，可见到的却是日新月异的城区和不再清澈的一溪黄水。马上就要回到学校继续学习了，每次开学和放假，讲的都是“回”“回家，回泉州”“回学校，回台湾”，可能是因为吾城吾乡都有感情和梦想在等我回去吧

支雷鹰

吾城：2015年3月，用手机拍摄我工作的城市——绍兴，这是我用手机拍这座城市最满意的照片之一

吾乡：过年回老家，和家人、亲朋一起登家乡的石鼓山，登上高处，顺着佛像的方向望去，天地一览无余，心境豁然开朗，超然物外的心境看世间的变幻纷扰

后记

在一番紧张而忙碌的工作之后，南方周末第一本摄影集终于可以付梓了。从版面到书籍，我们所期望凝固的，是一种在快速消费时代里，深植于我们内心的一种真实。

回想三年前，“吾城·吾乡”的策划动机缘于我自己的切身体验。后来，发现它弥漫于周遭众多人的俯仰呼吸之间。无论是现实世界，还是精神世界，我们常常在异乡安顿，在故乡迷失，在欣喜与顿挫间体验着那些无法由时间与空间的简单更迭解决的问题。

从有这个想法，到2013年最终找到八位合适的摄影师和他们的作品，花了两年时间。这实在不是一个“新闻报道”的做法。但这恰恰是这些照片在三年之后仍可以结集出书的原因。因为，这些照片拍得也很慢，以年计。他们潜心投入，以长时间的沉淀与摄影的瞬间相砥砺，他们是参与者，也是观察者。

事实上，当你耐心地与时间共舞而不是一心想着要领先于它时，时间会成为一个合作者而不是竞争者，它帮你打磨最后的结晶，让你得到一个相对长一些的保质期。

图片编辑也是参与者和观察者，同时，是一个整体的结构者。“吾城·吾乡”既然是个空间概念，在整个专题的结构上，我就采用了以空间为线索的递进，从一座城，到一条路，到一群人，最后，到人的内心。这种物理空间的逼近，暗扣着心理空间的深入，从外向内，由远及近。“吾城·吾乡”是既对立又统一的矛盾，摄影师的作品与风格，以及拍摄的经历、身份，都在呼应这种矛盾。对一个图片编辑而言，图片本身需要编辑，图片之外的很多东西，也是编辑的要素。

当将这一切铺陈在版面上时，图片是摄影师要说的话。而图片以何种形式与关系出现，则是图片编辑要说的话。

2016年，“吾城·吾乡”这个主题在社会现实与社会心理层面都有了更为丰富的呈现。因此，我决定用公开征集普通人图片的方式，完成第二季。征集时间，选在春节前后，这是所有人回家的时候。“请给我们两张照片：‘一张是你最想带回家的，一张是你最想从家里带走的。’”就这么简单。正因为简单，才适合大众参与，最大限度地收集到来自他们的第一手材料。征集启事发出后不到两小时，我们就收到了第一组来稿，就是放在这本影集扉页的那两张照片。“吾城：我生存的地方；吾乡：我生活的地方。”这样的心声，不能不让人感叹。

2000余来稿，视觉上是城与乡，但反映的却是这个社会的方方面面。我用四组关键词将它们分门别类：生存与生活、爱与你、问题与答案、记忆与可能。显然，每一部分都是一组对照，这既是与图片呼应，也是借由这些子题设置读图的语境和秩序，引领读者在分散的图片中抵达主题。

随后，我们通过众筹的方式，为这本影集筹募出版启动资金。其实，这个环节的重点是传播和参与。这样，整个第二季由征集、报道、众筹、出版形成四次高潮，不断引发关注。我们的体会：能够有效传播的策划，才是好策划；能够有效执行策划的编辑，才是好编辑。而这一切的立足点，是直面社会现实和紧扣社会心理。毕竟，我们最终的目的，是传递一种价值观。

在此，感谢报社诸位领导、同仁，这一成果属于南方周末。感谢所有为这本影集贡献了精彩作品的作者，没有你们，就没有《吾城·吾乡——中国影像速写》。感谢南方日报出版社，为使这本摄影集既有专业品位又适合大众阅读，做了大量细致入微的工作。感谢腾迅网和众筹网的通力合作。感谢所有参与众筹的朋友，是你们的支持使这一项目顺利完成。

最后，感谢所有阅读这本摄影集的读者，衷心希望你们能成为第三季“吾城·吾乡”的作者，期待我们来年相会！

南方周末图片总监
2016年4月15日

附录

拾城摄影

拾城，中国首个城市纪实摄影师联盟。2015年4月1日成立，由一群来自全国多个城市的媒体摄影记者、自由摄影师、图片编辑和志愿者组成，现有28名成员。作品内容以非新闻类城市纪实图片为主，形式以单幅图片和非新闻报道专题为主。他们捡拾城市影像，力图留下具有个人印记的时光断片，并希望观者能透过“拾城”看到中国城市社会的形态与变迁。

他们的感言

浦峰：

其实每年都在吾城与吾乡中纠结，年纪越长，纠结越甚。这是我们这一代必须要承受的痛。

朱骏：

做摄影记者后，回老家的机会越来越少了，每次回家我都尽量拍些照片，将老家和工作的城市之间用影像建立一个情感纽带，这两个原本在地貌、民俗、生活习惯都没有太多明显交集的地方，却因为我的参与，开始相望、产生联系。

赖鑫琳：

我曾经就无数次在心间默念，故乡和我生活的城市上海究竟有多少“距离”？这个“距离”并不以公里为单位，也不知道用什么去衡量比较合适。“吾城·吾乡”这个项目，赋予了这个“距离”一个新的单位便是“像素”。看着两张分别代表着故乡和上海的照片拼接在了一起，这种“距离”的感觉一下子从“像素”中显露了出来，乡愁变得更加具体了。我生长和生活的地方，其实只是两张照片的距离。

王警：

从前，没有可以记录故乡的方式的时候，觉得故乡像空气一样平凡。忽然有一天，再次回到故乡，发觉有些地方少了一些东西，一些地方多了一些东西；一些认识的人不见了，更多的不认识的人出现了。恍惚之间，故乡就变了。这些年来拍摄的关于故乡的照片，在每次检视的时候，才发现那些逝去的东西竟然充满了莫名的甜蜜。也许，故乡的老去和回忆一样，让人回味。这次参加“吾城·吾乡”项目，故乡换了一个角度镶进我的记忆，从小到大没有一个故乡的人看到过故乡雪后的全貌。我在改变，故乡也在变，我只想让美好的东西永远不要失去，每个故乡的人回到故乡，让人还能认识她。

林宏贤：

参与“吾城·吾乡”拍摄项目，让作为摄影记者的我重新带着一种客观的角度看待城乡两者：一个是我学习工作八年的城市，一个是我土生土长的乡村，当我从这两段生命中各截取一个时间切片，竟发现一些场景如此熟悉，像是一场城乡蒙太奇。

三效：

感谢“吾乡·吾城”计划让我们看到和感受到，跨越两个地域生活的人们，在各自生活的环境中，通过图片表达出不同的心境。

读者评论精选

燕归木：对常年在外的游子，故乡永远是魂牵梦绕的地方。

夜空中最亮的星：这个对比囊括了社会绝大多数人的生活状态。

Yongji：我一直在想杜拉斯的那句：故乡就是回不去的地方。

--- -点：为了回家，不得不离开家。

梅窠：记忆中的故乡山清水秀，民风淳朴，童年的我无忧无虑，自由自在；现在的故乡干净整洁，规划有序，但总觉得少了一份原生态，少了一份想撒野、想狂欢的氛围。

飞舞：故乡，心底最脆弱和敏感的词语……儿时的故乡，才是世间最美的……

精.彩.一.生：故乡就是那个植入你灵魂的地方。

随风飞：故乡是心里最柔软的地方，那山，那水，还有家里的门槛……

中人： 故乡！60、70、80后也许有深刻的记忆，90后有淡淡的记忆，00后与10后的故乡呢？

文静：每次回去归来，患得患失感觉强烈，很多时候很久缓不回神来。

红尘枫叶：那山，那人，身后的大黄狗。光着脚丫走在那乡间的田埂上，一去不复返！

~向　木~?：离家久了、远了，才真真切切认识到两个字：故乡。

万里独尘：记得刘墉先生说的一句话：哪里有爱，哪里有牵挂，放不下，就是家。

浅唱孤独：原来回不去的不是“故乡”，而是渐远的时间，是时过的境迁，是疏离的乡情，也是浓郁的乡愁。

我爱长发飘飘：儿时的故乡再苦也是甜。

浮萍：记忆里的故乡只有在梦中才能抓到它一丝丝的触角……

海涛：蓝天、白云、小伙伴、慢生活，真幸福，记忆中的故乡。

蓝天白云密封紫云英：空气、泥土、水源、食物、人情等都被人们折磨得体无完肤！故乡！只能是一种失而不能复得的感慨吧！

活bu明bai：吾城，父母不在的地方，吾乡，父母独在的地方。

凡天的星：故乡也荒芜，拯救还是逃离，纠结的心，痛。

树木结疤的地方：现在的故乡已不是儿时的故乡了，他们变了样，有点小陌生。

燃：为了小时候文字里的江南梦来的杭州，寂静也失落，国语终不是乡音，男朋友在哈尔滨，那里下雪的时候这里梅雨绵绵，他说他渴望一个家而我还更喜欢漂泊。大概是仗着自己年轻吧，就算身后的背影那么温暖也要奋不顾身地前行，少走了弯路，也就错过了风景。每个人都有一个梦想，有一个理由去坚强。可是，看到父母的白发，也会有深深的难过吧，可人生，原本就是风雨飘摇。我们甚至不能选择和回头望，只能再多做点事，去增加生命的重量。

旭君儿： 现在在家乡，明天将踏上火车。人生中最后一个寒暑假。异乡求学，今年毕业将去往另一个异乡工作定居。妈妈放我走，爸爸不舍得，问我为什么毕业不回家。是啊，为什么呢？欲望吧，可能是。

Sarah： 我家在川北的一个小县城，煤炭资源丰富，空气质量不好，被戏谑为“光灰城市”。为了让我接受更好的教育，高中时爸妈就送我去了邻市的一所升学质量很高的学校。因为心中的执念，大学去了离家一千多公里外的海滨城市。读研又来到了上海。现在，故乡煤炭的产量和质量都大不如从前，受经济大环境的影响，煤炭的利润也早已摊薄。我的故乡，冬天还是看不见太阳，街上的行道树还是厚厚一层灰。可故乡之于我，只有冬夏，再无春秋。

Xiong： 今年回家最悲凉的感受便是，故乡已经没有了多少人，为了所谓的追求，所有人都奔赴了一条逃离故乡的路。城市越来越大，故乡越来越小。城市越来越繁华，故乡越来越荒凉。没有了那些人，我们终将成为没有故乡的游子。

Yaoxw： 故乡，无论多破旧、封闭、落后，都阻止不了对它的眷念。只有回到它的怀抱，才会让自己感到沉静、安详。

Wly： 每一处地都有我爱与不爱的时候，大概城与乡之间的距离是我梦想的距离。（大概离家还是很近，所以并不觉得什么吧……）

IVY： 随着年龄的增长，越来越不愿离开家乡，纵使它贫穷落后，却依然是我内心最温暖的地方，时时在想人为什么不能一直待在一个地方慢慢变老，而是离家越来越远。小学在村里，初中在镇上，高中在县城，大学去到市里面，再也回不去了。马上要随男朋友去他的家乡，不知道到时我得哭成什么样子。

熊是咖啡的世界： 对于我来说，家乡是一碗地道的美食。吃一碗面皮，喝一口菜豆腐汤，那才叫回家；家乡是我可以骂无数次，别人却不能骂一句的地方。

愚乐稚死： 看文章，看图片，看评论，看见自己凌晨四点多的泪水……担忧的不是故乡而是再回不去儿时的故事；

害怕的不是岁月而是如草漂泊的命运；感动的不是自己，而是那些正在逝去的挣扎的我们，以及曾滋养我们的平凡情感。如果我们足够热爱故乡，为何要离她而去？如果城市有足够的爱来喂养我们，为何又恍然若失？而今，我不属于这里，也回不去那里。

微微笑：吾城，我生存的地方；吾乡，我生活的地方。这句话会引起无数异乡人的共鸣，也许总会煽动到我们异乡人的心坎里。只有异乡人才能体会到这种城市的生存和家乡的生活之间的徘徊与迂回，孤独与坚强，忍耐与等待。生活过的家乡，那里总会有无数的想念与美好回忆，当你在异乡打拼遇到挫折与委屈时，你会想起那里简单、快乐、平淡但很真实的生活。生存的城市，会有你奋斗的目标，也许能带给你好的经济生活。生活总不会那么完美，生活就像在一个分岔路口，总得选一条道路走下去，每条道路都会遇到不同的喜怒哀乐，当然也会有不一样的努力收获与艰辛付出……希望同是异乡人的我们都能奋斗出自己的美好明天，美好未来……也许哪天，生活已经到了不需要为生存而奔波而奋斗的时候，我们漂泊的异乡人都会走向回家的路，因为那里是真正的根，真正养育我们的乡土……

徐工备件：儿时的嬉笑仿佛依旧在溪边环绕，可清澈的小溪却离我们而去，是我们弄脏了她，她不忍蓬头垢面与我们相见！

Meseood：身为在城里奋斗的农村人，我看到你们都在这冠冕堂皇地说农村多好多留恋故乡，可大多数人不还都屁颠屁颠往城里跑打工、挣钱。归根结底还是更向往城里的生活，不是吗？

月半弯：其实故乡没怎么变，变的是自己，为何怀念儿时，是因为现在浮躁的内心，单纯和年龄就是此消彼长的过程，想逃离喧哗又害怕孤独，你我都逃不了这个局。

执子之手：肩上承载太多，心里承受更多，眼里除了掩藏不住的沧桑，还有对故乡难以割舍的留恋……

风云爵：故乡，还是老样子，山清水秀，民风淳朴；物是人非的村庄，显得格外冷清，留守小孩及老人成了主流力量……以往的时光，还是一幕幕闪现在脑海里，抹不掉，挥不去……

林儿：还好，在外漂了几年，近几年还是回到我的家乡来发展，工作了，还是自己的家乡好。上上班，回到家和邻居们聊聊天，看看青山绿水，再也不在外工作漂泊了。我喜欢我的家乡。

左右：想带着孩子去看看那个我出生和长大的故乡，满满都是幸福回忆的地方，如今不知能否看出原来的模样。

城南格格：少年时，总想逃离故乡，喜欢漂泊的感觉。而今成家后，日夜思念我的家乡。每次回家都待不够，每次离家都不敢正视父母的眼神。

/生产温控器/：对于像我这种打工者，家乡成了我现在的远方，而远方却成了我现在的家，但不管我走到哪里，不管千里万里，远方的家乡，在我心里永远是最重要的，总有一天，我会回到我自己那亲爱的家乡。

︿\我…O：怀念儿时的故乡，那时的我们是快乐的，空气是清新的，水源是甘甜的，一块泥巴能玩一天～～～

故园的小径：不管何时何地，故乡在记忆中永远都清晰。因为那里有家，那里是游子们温暖的港湾，那里有父母、有兄弟姐妹、有妻子、有亲朋好友。今年过年后出来得太早……又想家了……

一杯开水：生活让我变得麻木，每次回家只感慨它的外在的变化，只是梦中看到家乡的青瓦老屋，木质结构的两层楼的小学校和没有硬化的到处是水洼的小操场……一切都是儿时的摸样，不知道是记忆的先入为主，还是我更怀念过去的时光。

阿平：离别才知道乡愁，人越大，越有点怀旧。现在的故乡，到处是荒芜，以前好多稻田现在都没人耕种了，好多老房子也在岁月的侵蚀中倒塌，儿时的玩伴，也都各奔东西，好难得偶尔能碰上一个。好多年长的人都见不到了，每次回家，都会见到不认识的面孔。都不知道再过几年，再回家的时候，会不会觉得自己是个陌生人了。也许真的有一天，家乡只成为一种记忆了。

九*：在外求学，继而在外求生活，离开家乡近十年。故乡的那些山、那些水、那些人都已不再是原来的模样。今年过年回老家看望，走在小时候放学回家的路上，周围的以前熟悉的那些庭院都不认识了，还会走进死胡同。偶遇一家早已搬走的邻居的老房子。居然还是老样子，我仿佛穿越了一样，与二十年前一样。我仿佛在看我的童年……

舒颜：过去的乡村很美，但人们过得很苦！现在的乡村虽然没有什么青壮年，但机械化的农作，让人们不再那么辛苦！

鲁里格：我很幸运，住在城市，离农村老家十五分钟车程，经常回去。

落上微：很幸运，吾城与吾乡都在同一个地方。

何慧平：烟雨江南，小桥流水，上有天堂，下有苏杭之苏州，我工作的城市，在许多个灯火通明的城市夜晚，我总会想起我的家乡，那个皖南小镇，想起我们一大家子围在一个小圆桌上吃饭聊天的场景……好像工作之后在家待的就只有春节那几天，笑着闹着就过去了，家乡只是成为了一个短暂停歇的地方。

沛雨甘霖：故乡，永远是萦绕在心头挥之不去的眷恋，儿时的回忆时间越久越清晰，夜深人静睡不着的时候，想起故乡总有热泪盈眶的感觉！

贵族红颜：是啊！生存和生活到底有多远。

阳：看得心跳加快！

致谢

以下五十位读者参与众筹最高一档支持，特此致谢！

罗　聪　苏立锁　蒋敏锋　李丕探　秋　曦　张芸歌
焦　明　骆善新　邱建华　田满潮　秦　程　孙赛华
刘　峰　孙春刚　廖曙辉　王俊杰　张　伟　杨焰光
何　舜　王新妹　周崇政　黄春燕　海　洋　魏征业
七　朵　罗予团　郑颂民　丁笑飞　钟　闻　贾义强
宋　毅　李振平　任一鸣　方贤贵　李　磊　宋志林
蔡　琳　罗馥妮　王兴刚　石洪宇　祝　成　郭文辉
肖　长　邓全科　艾学兵　闫海滨　申　军　王先生
张芸歌　安徽读者

合作媒体

腾讯图片 PP.QQ.com　众筹网